Mutig durchs Leben gehen

Die Kraft des positiven Denkens

Anselm Grün

Das Leben
ist ein Abenteuer:
Du wirst immer
neue Seiten entdecken.

*Du sollst deinen
eigenen Weg gehen.
Jesus selbst hat den
Menschen Mut gemacht, ihrer
eigenen inneren Berufung zu
folgen. Sie sollen auf die innere
Stimme hören, auf den Antrieb,
den sie in sich spüren.*

Die ersten Gedanken, die man beim Aufstehen hat, beeinflussen einen den ganzen Tag. Daher ist es so wichtig, sich anzugewöhnen, mit positiven Gedanken, mit einem Gebet morgens aufzustehen.

Wenn ich ganz in
meinem Leib, ganz in
meinen Sinnen bin und
so durch die Natur gehe,
dann fühle ich mich
mit allem eins.

*Das eigene Herz sagt mir,
was für mich stimmt.*

Wer sich gegen
die Einsichten seiner
Seele wehrt, verliert
seine Orientierung.

Jesus fordert jeden Einzelnen heraus, seinen persönlichen Weg zu gehen, ohne nach rechts und links zu sehen, was die anderen tun.

Die Gabe der Stärke wendet sich an den Willen. Es ist die Stärke, die auch für das Leben und das Gute zu kämpfen vermag. Die Gabe der Stärke ist auch immer mit der Tugend der Tapferkeit verbunden. Wenn ich von einer Sache überzeugt bin, kämpfe ich dafür, auch wenn ich dabei verletzt werde. Die Tapferkeit meint, dass ich vor den Herausforderungen der Zeit nicht davonlaufe.

*Wenn unser Leben ein Fest ist,
das Gott mit uns feiert, wenn
wir teilhaben am großen Fest
der Schöpfung, dann bekommt
unser Leben eine göttliche
Würde, dann ist unser Leben
wert gefeiert zu werden.*

*Wer sich selbst vergisst
und auf das Leben
einlässt, wird spüren,
was Leben ist und
welchen Reichtum es in
sich birgt.*

Wahre Liebe heilt und eint den Menschen, sie macht ihn ganz. Und sie schenkt ihm Heimat, sie gewährt ihm ein Haus, in dem er wahrhaft zu Hause sein kann, in dem er wahrhaft der sein kann, zu dem Gott ihn berufen hat, ein freier Sohn und eine freie Tochter Gottes.

*Fehler dürfen sein.
Sie machen uns
menschlicher und
barmherziger
zueinander.*

Nutze deine Energie für deine eigenen Träume, anstatt sie zur Erfüllung fremder Erwartungen zu verschwenden.

Wenn die Angst hochkommt, dann rede mit der Angst. Denke die Angst zu Ende. Lasse in der Vorstellung das zu, wovor du Angst hast.

Gott suchen heißt: Das wahre Leben suchen, sich nicht zufriedengeben mit dem Vordergründigen, Lust am Leben zu haben.

Wir sollen uns über keinen Gedanken wundern, der in uns auftaucht, auch wenn er noch so gemein und unfair, noch so egoistisch und brutal ist. Ich lasse den Gedanken in mir zu, aber ich agiere ihn nicht aus. Ich kämpfe mit ihm, indem ich nach der Wurzel frage: Woher kommt dieser Gedanke, was sagt er über mich aus, welche positive Kraft steckt in ihm, welche Sehnsucht drückt sich in ihm aus und auf welche inneren Wunden weist er mich hin? Wie sehr muss mich meine Wunde schmerzen, dass ich so denke?

Das Leben muss fließen, nur so bleibt es lebendig.

Viele sind ihr ganzes Leben lang auf der Flucht vor sich selbst. Weil sie Angst haben vor der eigenen Wahrheit, sind sie Sklaven ihrer eigenen Betriebsamkeit geworden. Es muss immer etwas los sein. Frei werden wir erst, wenn wir uns der eigenen Wahrheit stellen.

Durch das Nachdenken über den Heiligen Geist erkenne ich mein wahres Wesen. Sein Geist erfüllt mich, treibt mich an, mutig die Schritte zu gehen, die mich in eine immer größere Freiheit, Lebendigkeit, in den Frieden und die Liebe hineinführen.

*Glaube daran, dass du
für diese Welt wichtig bist,
dass Du eine einmalige
Ausstrahlung hast.*

*Wenn du dir verbietest,
dich mit anderen zu
vergleichen, dann wirst
du eins werden mit dir
und einverstanden sein
mit deinem Weg.*

Ein Kriterium echter Spiritualität ist die Einheit, das Einssein mit sich selbst, das Versöhntsein mit seinen Gegensätzen, der Friede mit sich als Voraussetzung, um auch mit anderen in Frieden leben zu können.

*Unsere Lebensträume
führen uns in die Weite.*

Die Texte sind entnommen aus folgenden Veröffentlichungen von Anselm Grün:
Momente des Glücks 2011, Wege zur Freiheit, Trau deiner Kraft, Einreden,
Die Kunst erwachsen zu werden.

Alle Abbildungen von Fotolia:
S. 2/3 Patrizia Tilly, 4/5 Stephen Bonk, 6/7 russell witherington, 8/9 Jürgen Werke, 10/11 Jane September, 12/13 WestPic, 14/15 DeVIce, 16/17 Bergfee, 18/19 Nuncia, 20/21 christian rycx, 22/23 Foxy_A, 24/25 Marc Heiligenstein, 26/27 JM Fotografie, 28/29 Piotr Skubisz, 30/31 Weimar, 32/33 Stefan Körber, 34/35 WONG SZE FEI, 36/37 Alex Bramwell, 38/39 Norbert Suessenguth, 40/41 Stefan Körber, 42/43 Hubert Körner, 44/45 Gino Santa Maria, 46/47 Bergfee

Gesamtherstellung: KOMET Verlag GmbH, Köln

ISBN 978-3-86941-087-6

www.komet-verlag.de